¿Qué tiempo hace?

Nieva

Suzi Boyett

Consultora de lectura: Susan Nations, M. Ed., autora/tutora de alfabetización/consultora de desarrollo de la lectura

Gareth Stevens
PUBLISHING

Please visit our website, www.garethstevens.com. For a free color catalog of all our high-quality books, call toll free 1-800-542-2595 or fax 1-877-542-2596.

Library of Congress Cataloging-in-Publication Data

Boyett, Suzi, 1970-
[Let's read about snow. Spanish]
Nieva / por Suzi Boyett.
p. cm. — (¿Qué tiempo hace?)
ISBN-13: 978-0-8368-8114-1 (lib. bdg.)
ISBN-13: 978-0-8368-8119-6 (softcover)
1. Snow—Juvenile literature. 2. Weather—Juvenile literature. I. Title.
QC926.37.B6918 2007
551.57'84—dc22 2006034751

This edition first published in 2007 by
Gareth Stevens Publishing
111 East 14th Street, Suite 349
New York, NY 10003

Editor: Dorothy L. Gibbs
Art direction: Tammy West
Cover design and page layout: Dave Kowalski
Photo research: Diane Laska-Swanke
Spanish translation: Tatiana Acosta and Guillermo Gutiérrez

Picture credits: Cover, title, © Ariel Skelley/CORBIS; p. 4 © Michael P. Gadomski/Photo Researchers, Inc.; p. 5 © Diane Laska-Swanke; p. 6 © Julie Habel/CORBIS; pp. 7, 11, 12 (upper right) © Royalty-Free/CORBIS; p. 8 © Randy Faris/CORBIS; pp. 9, 12 (lower right) © Betts Anderson Loman/PhotoEdit; p. 10 © Matthias Kulka/CORBIS; p. 12 (upper left) © Bill Longcore/Photo Researchers, Inc.; p. 12 (lower left) © Nova Development Corporation

Printed in the United States of America

2 3 4 5 6 7 8 9 10 10 09 08

Nota para los maestros y los padres

Aprender a leer es una de las actividades más emocio-nantes y estimulantes para los niños pequeños. Entre otras destrezas, los niños están comenzando a entender la relación entre el lenguaje oral y el escrito, y a aprender convenciones de la letra impresa como la dirección de lectura. Los libros apropiados para lectores incipientes deben incorporar muchas de estas convenciones, además de resultar atrayentes e interesantes.

Los libros de la colección *¿Qué tiempo hace?* están pensados para apoyar a los jóvenes lectores en las primeras etapas de ese aprendizaje. Los niños disfrutarán mirando las fotografías a todo color para ver y conocer distintas clases de tiempo. ¡Cada libro los invitará a leer una y otra vez!

Además de servir como maravillosos libros ilustrados en escuelas, bibliotecas y hogares, estos libros han sido especialmente concebidos para ser leídos en pequeños grupos de lectura guiada. El contexto de un grupo reducido permite que el maestro u otro adulto proporcione el andamiaje en el que se basarán los progresos del lector. ¡Estos libros les resultarán útiles, estimulantes y divertidos a niños y a adultos por igual!

— Susan Nations, M.Ed., autora/
tutora de alfabetización/consultora
de desarrollo de la lectura

Nieve derretida.

Nieve caída.

Nieve que enfría.

¡La bola es mía!

Ángeles de nieve

Muñecos de nieve

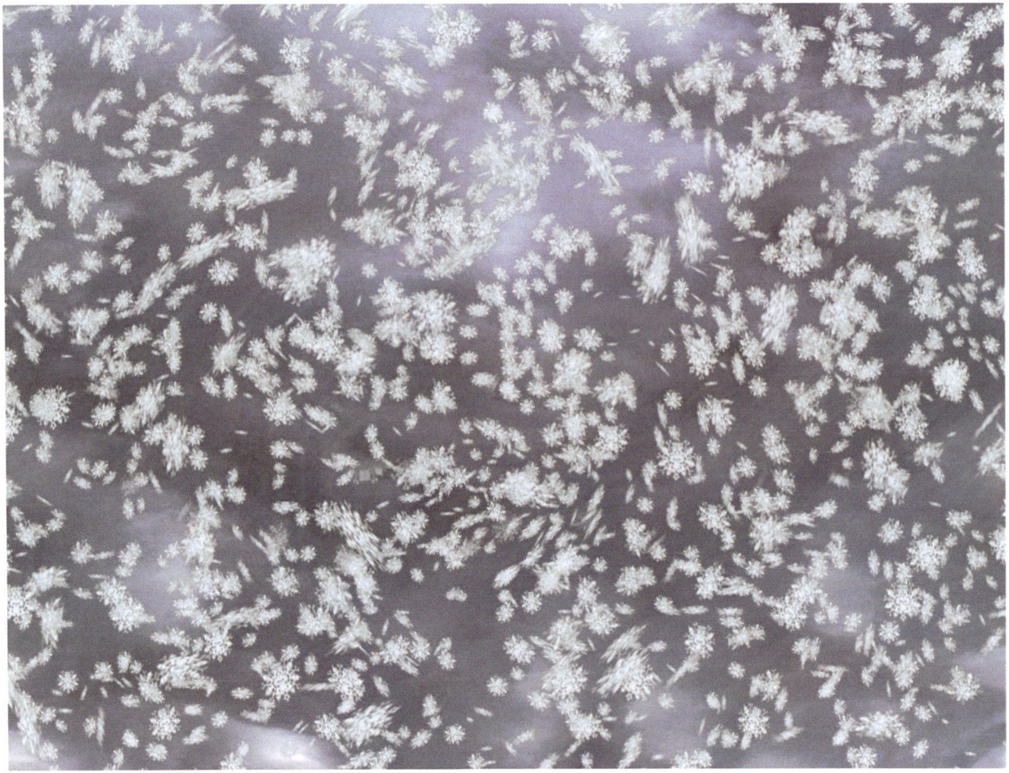

Copos de nieve . . .

¡vienen y vienen!

Glosario

ángel de nieve

bolas de nieve

copos de nieve

muñecos de nieve